साहिल एक किनारा

विकास रेदासनी

Copyright © Vikas Redasani
All Rights Reserved.

ISBN 978-1-63997-069-8

This book has been published with all efforts taken to make the material error-free after the consent of the author. However, the author and the publisher do not assume and hereby disclaim any liability to any party for any loss, damage, or disruption caused by errors or omissions, whether such errors or omissions result from negligence, accident, or any other cause.

While every effort has been made to avoid any mistake or omission, this publication is being sold on the condition and understanding that neither the author nor the publishers or printers would be liable in any manner to any person by reason of any mistake or omission in this publication or for any action taken or omitted to be taken or advice rendered or accepted on the basis of this work. For any defect in printing or binding the publishers will be liable only to replace the defective copy by another copy of this work then available.

जिंदगी में सपने उसी के साकार होते है जो सपने देखते हैं।

क्रम-सूची

1. अध्याय 1 — 1
कवि के बारे में — 21

अध्याय1

1)

"मेरी बात"मेरी याद"

माँ
मैं खिलौना बन कर आया तेरी जिंदगी मे
और खिलौना तो एक दिन टूट ही जाता है
तू अफ़सोस मत करना और ना ही दुखी होना
याद कर कर के मुझे मत रोना
ना ही खुद को कोई दोष देना
मैं जिया उतना ही जितना उसने लिखा था मेरा जीवन
तेरे उदर की फैक्ट्री (कोख)मे मेरा निर्माण हुआ
पुरे नो माह की रचना और संरचना के बाद
मेरे आकर को साकार रूप प्रदान हुआ
जब मैं दुनिया मे आया
पुरा परिवार बहुत हर्षया
माँ,मैं पापा की आँखों का तारा था
उनको जान से भी ज्यादा प्यारा था
दादा-दादी का बड़ा दुलारा था

साहिल एक किनारा

चाचा के जीने का सहारा था
चाची की गोद मे सितारा था
भुआ की खुशी का पिटारा था
सब मुझे बहुत चाहते थे
पुरा वक़्त मेरे साथ बिताते थे
पापा के होठो की हसीं भी मैं था
तुम्हारे जीवन की खुशी भी मैं था
जानता हूँ पापा को बहुत दुख है
मेरे जाने से वो टूट चुके है
पर उनसे कहना
की उन्हें अब संभलना होगा
मुझे भूल नहीं सकते पर
यादों मे मेरी जीना होगा
दादा-दादी और चाचा को
चाची और मेरी प्यारी भुआ को
मेरा ढेर सारा प्यार देना और कहना
मैं कही दूर नहीं गया हूँ
बस सब के दिल मे छुप गया हूँ
और.................
तुमसे क्या कहु
तुम तो माँ हो मेरी
मेरी हर बात को जुबां पर आने से पहले
तुम जान जाती थी
हर वक़्त बस मेरे लिए ही जीती थी
माँ........
मैं आज वादा करता हूँ तुमसे
मैं फिर आऊंगा तेरे जीवन मे

बस तुम मेरा इंतजार करना
मेरी यादों मे रोज़ मत मरना
वरना मेरी आत्मा को चैन नहीं मील पायेगा
तेरी ममता के लिए बार बार दिल मेरा ललचाएगा
इसीलिए कहता हूँ की तुम
कभी मत रोना औ माँ
तेरे कीमती आंसू यु ही बह जायेंगे
और मुझे भी बहा ले जायेंगे तुम से दूर
क्यों की मैं तो बसा हूँ
तेरी आँखों मे, तेरे दिल मे, तेरी धड़कन मे|

2)

ओ माँ..

अजन्मी और अनजानी सी
माँ ओ माँ
मैं तेरे साँसों की रवानी थी
याद कर वो पल
जब मैं तेरे कोख मे आयी थी
एक पल मे मानो तुमने
पूरी दुनिया भुलाई थी
शायद तू नहीं जानती थी

साहिल एक किनारा

कौन है जो तेरी कोख मे पल रहा हैं
तुझे तो आस थी एक बेटे की
लेकिन मैं बेटी बन कर आयी थी
ग़लतफहमी से ही सही
मुझे कुछ समय के लिए
जो प्यार मिला तुमसे
उसके लिए ओ माँ
मैं एक तो क्या
हजारों जन्म वार सकती हूँ
लेकिन एक कसक रह गयी दिल मे
मैं नहीं चाहती थी देखना ये दुनिया
ना ही मुझे जीने की चाह थी
मैं तो बस चाहती थी
एक बार बस एक बार
तेरे नरम हाथों का स्पर्श
वो प्यार तेरी आँखों का
वो दुलार तेरी बातो का
तेरे सीने से लगने का सुख
जो मेरे नसीब मे नहीं था
काश मैं पहुंच पाती
तेरी रूह से तेरी दिल तक
तेरे उदर से तेरे हाथो तक
लेकिन.........
तुमने तो दिया रौशनी से पहले ही बुझा दिया ...

मुझे बिना लोरी ही गहरी नींद सुला दिया
मौत का खंजर खुद अपनी ही कोख पर चला दिया
गर.........
था तुझमे इतना ही साहस
तो लड़ती मेरे लिए दुनिया से
मेरे अस्तित्व को बचाने के लिए
कोई गम नहीं गर जन्म ना मिला मुझे
लेकिन ये तो सोच माँ
किसी ने तेरे साथ भी वही किया होता
जो तुमने मेरे साथ किया
तो कहाँ से मिलता तुमको
दुनिया का सब से बड़ा सुख
माँ बनने का
कहाँ से आया ओ माँ
तुम मे इतना साहस
कहाँ से लायी कठोर पथरीला दिल
और कहाँ गयी तेरी ममता....

3)

लज्जा..

नारी,
जिसे कभी सम्मान से पूजा जाता था

दुर्गा, पार्वती, सीता, सावित्री नामों से जाना जाता था
आज उसी नारी को
समाज की देवी, घर की इज़्ज़त और मंदिर की गौरी को
पैदा होने से पहले गिराया जाता है
पैदा होने के बाद सताया जाता है
तो कही दहेज के नाम पर जलाया जाता है
गुनाहगारो को 25 पैसे के स्टाम्प पर छोड़ा जाता है
नारी को बेइज़्ज़त करना आम बात हो गई
नारी नारी न हो कर मीठा पकवान हो गई
जिसने चाहा चखा और फेक दिया
यही इस समाज की पहचान हो गई
कोई अपनी हवस तो कोई अपनी शान के लिए
कोई टाइमपास तो कोई रंगीन शाम के लिए
उसी दुर्गा व पर्वती का अपमान करते है
उसकी इज़्ज़त छीन कर उसे कंगाल करते है
एक मरी, दो लूट ली गयी, तीन का अपहरण
रोज अखबार की यही कहानी हो गई
सीता ने दी अग्नि परीक्षा, फल उसी का है सब यह
अब वक्त बदलना होगा समाज को
अग्नि परीक्षा देनी होगी राम को
दंड मिलेगा हर एक रावण को
समाज की इस दुखियारी को
बचना होगा हर नारी को
तोड़ पुराने उसूलो को, झूठे रीति-रिवाज मिटाने होंगे

फिर वही दर्जा नारी को दिलाना होगा
नारी को नारी का सम्मान लौटना होगा।

4)

पहली मुलाक़ात

सागर किनारे
तुम्हारा मिलना
नज़ारे झुकाये
कुछ शरमाए
तुम्हारा वहा से गुजरना
याद है वो
पहली मुलाक़ात
शाम का समा
मौसम जवां
हाथ थामकर
तुम्हे रोकना
एक पल रूककर
हाथ छोड़ना
याद है वो
पहली मुलाक़ात
कुछ दूर जाकर
तुम्हारा लौटना

फिर दौड़कर
गले से लिपटना
कुछ कहना, कुछ सुनना
बातों-बातों मे रात गुजरना
याद है वो
पहली मुलाक़ात

5)

"याद"

आज भी तन्हाइयों मे
जब याद तुम्हारी आती है
कसम तुम्हारी
बहुत तड़पाती है
हर पल का चैन
छीन कर बेताबी देती है
इक क्षण ठहर कर
उस पल की याद दिलाती है
मिलते थे कभी
बहारों मे हम-तुम
अब वो बहारे कहाँ

तन्हा दिल, तन्हा हम, और तन्हा जहाँ
इस भीड़ मे भी किसी को तलाशती नज़रे
और वही तुमसे मिलने की पुरानी तम्मना

6)

एक रिश्ता

बहना
रिश्तों का बंधन
बंधा है
प्यार के धागो से
हर रिश्ता
कायम है
विश्वास से
विश्वास जो तुम्हारा
मुझ पर है
तुम्हारी रक्षा का
मान का
सम्मान का
उसके रेशमी तार का

जो तुमने
अपने हाथों से
अपने भाई के
हाथों पर
बांधा है
दुनिया का
सबसे गहरा
रिश्ता
भाई -बहन का
हर बंधन से गहरा
आसमां की उचाईयों
से ऊँचा
विश्वास जो मेरा
तुम पर है
प्यार का
वादों का
उसके वचन का
जो मेने
रक्षा बंधन पर
बिना मांगे
और बिना कहे
तुम्हे दिया था
उसे निभाने का
हर रिश्ता
होता है
लिए एक अहसास
हर रिश्ते मे खास

रिश्ता मेरा और तुम्हारा

7)

"भिखारी"

आज सुबह
कुछ सुनकर
जब मैंने
दरवाज़ा खोला
सामने एक
व्यक्ति को खड़ा पाया
उदास चेहरे और
उखड़ी आवाज़ मे
वह कुछ मांग रहा था
बिखरे लम्बे बाल
और सूखे गाल
उसके भिखारी होने का
अहसास करा रहे थे
शरीर पर लिपटे
कपड़ो से दिखता
जंजर शरीर
अपनी कहानी

सुना रहा था
हाथो और पैरो से
बाहर निकलने को
आतुर पसलिया
उसकी हालत को
अंजाम देती
नज़र आ रही थी
बिना जूतों के पैरो मे
पड़े छाले और
छालो से बहता लहू
उसे रो देने को
मजबूर करता
दिखता था
फिर भी वो
अपने आप को संभालता
कभी भगवान तो
कभी अल्लाह के नाम
पर कुछ मांगता
अपने बच्चों के नाम की
दुहाई देता
अपनी हालत की
सफाई देता
कुछ मिलने की
आशा मे
अपनी बाते
दोहराये जाता..

8)

"अपने-पराये"

वक़्त की गर्त मे समाई, वटवर्क्ष पर लटकाई
कुछ पुरानी यादें ना जाने कहा से चली आयी
उन यादों मे जो साये थे, कुछ अपने थे तो कुछ पराये थे
मैं सोचने लगा..........
इतना सब कुछ हो गुजर जाने पर
अक्ष के दक्ष पर टूट बिखर जाने पर
जो कभी पास तक नहीं आये थे
आज क्यों मस्तिष्क पटल पर छाए है
उनमे से जो अपने थे, वो तो केवल सपने थे
जिनसे गहरा नाता था, उनसे मिले अर्सा बीत जाता था
गर गलती से भी मील जाते थे, तो हाथ यु हिलाते थे
जैसे आगे की हर राह तो वही बताते थे
और परायों से ना जाने कैसे अजीब नाते थे
चाहे जो भी हो वो ही लोग पास आते थे
कभी गलती पर मज़ाक उडाने को
तो कभी सफलता दुसरो के सर मंडाने को

कभी शांत मन विचलित कर जाने को
तो कभी मेरे गमों को बढ़ाने को
मैं फिर सोचने लगा.......
आज क्यों मन दोनों मे अंतर कर रहा है
क्यों उन्हें याद कर बिखर रहा है
अपने जो कभी अपने ना हो सके
और पराये जिन्होंने गलती से भी अपनापन नहीं जताया
क्या फर्क है दोनों मे...
फिर क्यों दुनिया कहती है, की ये अपने है और वो पराये
मेरी नज़र मे तो केवल, रिश्ते वक़्त के साये है
जो समय पर काम आये वो अपने
वरना सब के सब पराये है

9)

"ज़िन्दगी"

आशा और निराशा के घेरे मे
जिंदगी बीती जा रही है

विकास रेदासनी

हर सांस दुखो की गिनती है
हर धड़कन गम गिना रही है
मैं फिर भी जीता जा रहा हूँ
इंतजार और आशा मे
आने वाला हैं कोई सुख
मन की आँखे बतला रही है

आशा और निराशा के घेरे मे
जिंदगी बीती जा रही है

सोच बड़ी है मंजिल छोटी
वो भी नज़रो से ओझल होती
दूर निगाहों के दायरे से
अंधियारे मे खोती जा रही है
मैं फिर भी चलता जा रहा हूँ
अनजानी सी एक राह पर
कदम थके पर मन की आशा
और जिज्ञासा बढती जा रही है

आशा और निराशा के घेरे मे
जिंदगी बीती जा रही है

साहिल एक किनारा

कैसे कैसे खेल दिखाता
ये जन्म मरण का नाता
और इन खेलो की हर क्षय पर
सांसे पिटती जा रही है
है अंत जिसका मौत
वही जिंदगी बीता रहा हूँ
चारो खाने चीत है जीवन
ज़िन्दगी मात खा रही है

आशा और निराशा के घेरे मे
ज़िन्दगी बीती जा रही है

10)

मन की दास्तां

शजर की डाल से उड़ते पंछी की तरह
उडता हैं मन मेरा कुछ इस तरह
पकड़ न पाता मे उसकी चाल को
निकल जाता हैं हाथो से मिट्टी की तरह

विकास रेदासनी

वो कल तक सोचता था बस थोड़ा सा
मन मनमौजी बस खुद की सुनता
और फिर बदल देता था सोच को
आज सोच हैं उसकी समुद्र की तरह

ज़माने के साथ भी चलना जरुरी हैं
ओरो से आगे निकलना भी जरुरी हैं
पर इस भाग दौड़ मे खुद को
बदल दिया मेने ज़माने की तरह

जीत कर जग से जग को बताना हैं
छीन कर किसी से क्या पाना हैं
चिर सीना धरती का अन्न उगाने को
महेनत जरुरी हैं उस किसान की तरह

बातो से नहीं लिखी गयी कभी
इतिहास की कोई भी कहानियाँ
बदल इतिहास मिसाल बन जाने को
कुछ कर तू भी भगत सिंह की तरह

11)

क्या खूब लगती हो

ऐ मेरे महबूब क्या खूब लगती हो,
चाँद का टुकड़ा क्या तुम तो चांदनी लगती हो।
दिल चाहता हैं तुम्हे,दीवाना है तुम्हारा,
तुम ही तो हो जो मेरे दिल मे बसती हो।
आशिक़ी में तुम्हारी ये हालत है हमारी,
जहां देखो वहां तुम ही तुम दिखती हो।
प्यार तुमसे किया है चाहा है तुमको,
तुम इनकार करती हो या इज़हार करती हो।
हमने तो सब कुछ छोड़ा तुम्हारे लिए,
अब देखना है तुम क्या करती हो।
सब कुछ है अब तुम्हारे हाथों में,
हमे जिंदगी या मौत देती हो।

12)

"एक रोटी"

चला जा रहा था वो
ना मंजिल का पता था
ना ही कोई ठिकाना था
ना कदम थकते थे

विकास रेदासनी

और न ही वो रुकता था
कुछ था शायद
जो उसे हिम्मत दे रहा था
या इक जूनून पैदा कर
रहा था उसके अंदर
आखिर ऐसा क्या लक्ष्य था उसका
जो उसे इस कदर आगे बढ़ने
और ज़माने से लड़ने की ताकत
दे रहा था....
आखिर क्या था उसकी बेहाल जिंदगी मे
जो उसे हर मुश्किल से लड़ कर भी
अपनी चाहत तक पहुंचा रहा था
ना किसी रुकावट की चिंता
ना ही कोई भय विराने से
मेहनतकश इंसा था
और बस कुछ कर गुजरने मे
विश्वास रखता था
आखिर............
किसी ने पूछ ही लिया
इतनी रफ़्तार और बेफिक्री से
किधर बढे जा रहे हो
क्या कोई खज़ाना हाथ लगा है
जो ज़माने से छिपा रहे हो
तो जवाब आया.....
भाई समझ लो खज़ाना ही मील गया है
आज दो दिन बाद काम मिला
बहुत इंतजार के बाद

काम पुरा होते ही बच्चों की याद आयी
की दो दिन से भूखे है वो
इसीलिए भागा जा रहा हूँ
की रात होने से पहले
"एक रोटी का इंतजाम कर सकूँ"
नहीं तो आज की मेहनत बेकार चली जाएगी
और रोती बिलखती मेरी बैटी
आज फिर भूखी ही सो जाएगी

___विकास जैन "साहिल"

कवि के बारे में

VIKAS REDASASNI (SAHIL)

कवि के बारे में

कविताए लिखने के शौकीन कवि 'विकास रेदासनी'

का जन्म '27 जुलाई 1981' ;को किशनगढ़ शहर में हुआ।

दसवीं कक्षा से लिखने का शौक रखते

और ये शौक के रूप में जो शुरू हुया वह जल्द ही इनका जुनून बन गया।

www.ingramcontent.com/pod-product-compliance
Lightning Source LLC
LaVergne TN
LVHW092102060526
838201LV00047B/1539